AF581395

TABLEAU DE GREUZE.

LA

CRUCHE CASSÉE

COMÉDIE EN UN ACTE, EN PROSE;

PAR ÉLIACIM JOURDAIN

Auteur de la COMÉDIE NORMANDE.

PARIS

TARIDE, LIBRAIRE, GALERIES DE L'ODÉON

1856

LA CRUCHE CASSÉE

COMÉDIE EN UN ACTE, EN PROSE;

Par Eliacim Jourdain.

TABLEAU DE GREUZE

PERSONNAGES :

GREUZE.
LE COMTE.
RUSTIQUE.
ALBERT.
LE BAILLI.
UN SERGENT.
GENS D'ARMES.
PIERRE.
MARGUERITE.
JEANNE.

La scène se passe en Bourgogne, sous Louis XV.

Une place publique au troisième plan ; sur le devant du théâtre, une cour séparée de la place par un mur d'appui. Au fond, une colline praticable, au flanc de laquelle serpente un sentier. A droite, un jardin ; à gauche, une maison, dont une fenêtre donne sur la salle.

SCÈNE Ire.

JEANNE, *sortant de la maison sur la pointe du pied et prêtant l'oreille.* Cinq heures. Il n'est encore que cinq heures, que la nuit m'a paru longue, mon Dieu. Ah ! c'est que l'inquiétude qui remplit mon âme, est si vive. N'est-ce pas aujourd'hui que doit avoir lieu... S'il faut que le sort lui soit contraire, j'en mourrai. Allons prier la sainte Vierge pour qu'elle ait pitié de lui et lui fasse la grâce de tirer un bon numéro... O mon Albert, que je t'aime ! Mais, toi, m'aimes-tu ? Depuis un an qu'il m'a fait danser, pour la première fois, à la fête du village, il ne m'a jamais rien dit qui pût me faire croire à un doux attachement de sa part... Je sais bien que ses yeux, lorsqu'il me regarde... et il me regarde souvent. Il croit, peut-être, que je ne le vois pas ; mais je le vois bien... — S'il allait ne pas m'aimer, s'il en aimait une autre ? C'est impossible... Mon Albert m'aime, n'aime que moi... *(Elle s'éloigne à gauche.)*

SCÈNE II.

MARGUERITE, *sortant de chez elle.* Jamais elle ne s'est levée si

1856

matin, depuis qu'elle est au monde. Que dis-je ? Il me faut l'appeler trois ou quatre fois avant qu'elle ne descende : « Jeanne, » ma fille, il fait grand jour ! Jeanne, il est sept heures ; Jeanne, » allons donc, paresseuse ! Jeanne, si tu ne descends pas, je vais » monter ! » Telle est la chanson qu'il me faut lui chanter chaque matin, avant de la voir apparaître et venir m'embrasser. Et, aujourd'hui, elle est debout avec l'aurore. Est-ce qu'elle se corrigerait de sa mauvaise habitude ? Elle est sans doute à faire un tour de jardin pour s'ouvrir les yeux. Je crains qu'elle ne se mouille les pieds dans la rosée. (*Appelant.*) — Jeanne ! holà ! Jeannette !

SCÈNE III.

MARGUERITE, RUSTIQUE, *coiffé d'un bonnet de coton, sur la place.*

RUSTIQUE, *à lui-même.* Être obligé de recoudre soi-même ses boutons ; toujours seul, le jour et la nuit, n'avoir personne pour vous contredire, ce n'est pas là une existence. C'en est fait, je suis décidé à me marier. Il ne me manque pour cela qu'une femme, et c'est facile à trouver (*Apercevant Marguerite.*) Justement j'aperçois la mère de Jeannette. Ça se trouve bien. Mais il me faut un prétexte pour entrer ; on ne demande pas de but en blanc une fille en mariage, surtout quand on est soi-même son propre ambassadeur... Il faut des alentours... J'ai mon affaire. (*Il entre dans la cour.*) Bonjour, mère Rosendal.

MARGUERITE. Votre servante, Monsieur Rustique Montjoyeux.

RUSTIQUE. Comment cela va-t-il ce matin ?

MARGUERITE. Vous êtes bien honnête, M. Rustique, et vous ?

RUSTIQUE. Je vous en fais juge, mère Rosendal.

MARGUERITE. Vous paraissez bien portant.

RUSTIQUE. Je m'en vante. Au fait, je vous demande si un vigneron a le temps d'être malade ? Est-ce qu'il ne faut pas qu'il soit tous les jours dans ses vignes ?... Remarquez, mère Rosendal, que je dis dans *ses* vignes et non dans celles du Seigneur... Ah ! ah ! ah !

MARGUERITE. Je comprends, M. Rustique.

RUSTIQUE *à part.* Elle ne comprend pas du tout, la chère femme. (*Haut.*) Ce sont des cailloux à ramasser, des échalas à remplacer, des ceps à rattacher, car ça n'en finit pas; il y a toujours de l'ouvrage plus qu'on n'en peut faire.

MARGUERITE. Quand surtout on aime ses vignes, comme vous aimez les vôtres, M. Rustique.

RUSTIQUE. Il faut bien aimer quelqu'un ou quelque chose, sur cette terre : on ne peut pas vivre comme un païen.

MARGUERITE. C'est le langage d'un bon chrétien.

RUSTIQUE. A propos de bon chrétien, j'ai un poirier de ce nom à tailler et je venais vous prier de me prêter le couteau de votre défunt, qui, dit-on, n'avait pas son pareil lorsqu'il était neuf. Je parle du couteau.

MARGUERITE. Vous voulez parler de la serpette de défunt mon pauvre homme ?

RUSTIQUE. C'est cela même, serpette... *(A part.)* J'ai vu le moment où j'allais me couper.

MARGUERITE, *qui est rentrée dans sa maison et en est ressortie un instant après.* Voici, M. Rustique.

RUSTIQUE. Merci, ma chère voisine, car nous sommes voisins, mère Marguerite, un peu éloignés, mais la vie est pleine de rapprochements...

MARGUERITE. C'est vrai, M. Rustique... La distance qui nous sépare, peut être un jour moins grande.

RUSTIQUE. Peut être comblée...

MARGUERITE. Vous en aurez bien soin, n'est-ce pas ?

RUSTIQUE. De la distance ?

MARGURITE. De la serpette.

RUSTIQUE. Oh ! soyez tranquille.

MARGUERITE. Vous comprenez le sentiment qui me fait vous parler ainsi ?

RUSTIQUE. Parfaitement, mère Rosendal, et je le respecte. Si j'étais mort, je serais bien aise qu'on eût soin des instruments que j'aurais laissés sur la terre. Ainsi donc, vous pouvez être sans crainte sur le sort de cette serpette de famille; elle est, j'ose dire, entre bonnes mains. Et la rose du vallon ?

MARGUERITE. Qui appelez vous ainsi ?

RUSTIQUE. Votre fillette donc... Un joli petit sobriquet pour une jeune fille comme la Jeanne. Le fait est qu'elle est gentille à croquer.

MARGUERITE. Vous êtes bien honnête, M. Rustique.

Rustique. Elle vous a une petite figure ronde, qui la fait ressembler à une pomme de reinette.

Marguerite. A son âge, toutes les jeunes filles sont dans leur fleur.

Rustique. Quel âge a-t-elle donc ?

Marguerite. Seize ans.

Rustique. Révolus ?

Marguerite. Seize ans, moins quelque chose.

Rustique. Ah ! elle a quelque chose de moins. Voyez, je lui aurais donné quelque chose de plus. Comme on est sujet à se tromper avec les femmes... car c'est une vraie femme, que Jeanne.

Marguerite. Oh !

Rustique. Il n'y a point de *oh!* mère Marguerite. Une vraie femme : je maintiens le mot. On en marie tous les jours de plus jeunes, qui ne s'en plaignent point... Je m'étonne même qu'elle ne vous ait pas encore été enlevée...

Marguerite, *avec terreur.* Enlevée...

Rustique. Je veux dire, demandée en mariage.

Marguerite. Elle ne me l'a point encore été, et j'en rends grâce au ciel, car dans notre famille, quand une fille est recherchée en mariage, et n'est point accordée, elle en meurt souvent.

Rustique. Ce n'est pas seulement dans votre famille, mère Marguerite, que cela se passe ; mais un peu dans toutes les familles...

Marguerite. De sorte que les pauvres parents tiennent souvent la vie de leur enfant entre leurs mains, quand il s'agit de donner ou de refuser leur consentement à son mariage.

Rustique. Il est plus sage, selon moi, de le donner.

Marguerite. Dans tous les cas, si j'avais une fois promis ma Jeanne à un honnête garçon, je regarderais comme un crime de me relever de ma parole.

Rustique. Je vous approuve, dame Marguerite. *(A part.)* Ça va bien... Je tiens la mère ; il ne me reste plus qu'à éblouir la fille.

Marguerite, *à part.* C'est étrange... Je ne la vois ni ne l'entends. *(Haut.)* Jeanne ! holà ! Jeanne !

Rustique. Le cher bouton de rose est déjà levé ?

Marguerite. Oui. Je le crois dans le jardin. *(Elle s'éloigne à droite.)*

Rustique. C'est bien possible... Vous me permettez de vous accompagner, dame Marguerite ?

Marguerite. Comment donc, M. Rustique...

Rustique. D'ailleurs, ça raccourcit mon chemin, car vous avez, je crois, une porte sur la campagne ?

Marguerite. Vous l'avez dit, M. Rustique.

Rustique. Une porte de derrière à son utilité. *(A part.)* Aussi, les gens avisés en ont-ils toujours plusieurs à leur service. *(Haut.)* Vous disiez donc, mère Marguerite, que votre Jeanne va avoir seize ans ? *(Ils entrent dans le jardin.)*

SCÈNE IV.

JEANNE, *arrivant par le fond.*

Doux effet de la prière ; je me sens presque rassurée maintenant... On viendrait me dire : « Maître Albert a tiré un bon numéro, » que je répondrais : « Je le savais ! la sainte Vierge me l'avait fait espérer... »

SCÈNE V.

JEANNE, GREUZE, *coiffé d'un chapeau tyrolien. Il porte sur son épaule, renfermé dans un étui de toile, un objet que l'on prendrait pour un fusil ; ce sont les pièces de son chevalet.*

Greuze, *de la place.* Auriez-vous la bonté, ma belle enfant, de m'enseigner la... moins mauvaise auberge du pays.

Jeanne. Il n'y a pas d'auberge dans le village, Monsieur ; mais si vous avez besoin de quelque chose et que ma mère puisse vous l'offrir...

Greuze. J'aurais besoin de déjeuner.

Jeanne. Un déjeuner, c'est facile à faire.

Greuze, *entrant dans la cour.* Je suis parti de chez moi, avant le jour, dans l'intention d'assister au lever du soleil, qui, à l'époque de l'année où nous sommes, est bien le plus magnifique spectacle qu'il soit donné à l'homme de contempler, et je me suis égaré comme un écolier.

Jeanne. Cela se voit tous les jours.

Greuze. Je dois aussi vous avouer une chose, avant que vous procédiez aux préparatifs de mon déjeuner, c'est que j'ai oublié ma bourse.

Jeanne. Oh! monsieur. .

Greuze. Vous aurais-je blessée, ma chère enfant?

Jeanne. Nous donnons ce que nous offrons, Monsieur.

Greuze. Pardonnez-moi, mon enfant; mais il est si rare de trouver sur son chemin la douce hospitalité de l'Évangile, que je suis bien pardonnable d'avoir parlé d'argent. Mais cet argent, je ne l'ai pas! C'est donc comme si je n'en eusse pas dit un mot. Allons! je vois un doux sourire effleurer vos lèvres, c'est signe de beau temps dans votre cœur. Le petit nuage que j'y avais amassé s'est dissipé.

Jeanne. Oh! je ne vous en veux pas, Monsieur...

Greuze. Et moi donc, vous croyez que je vous en veux, de m'avoir repris comme vous l'avez fait? Voulez-vous que je vous aide à mettre le couvert?

Jeanne. Ce n'est pas l'ouvrage des hommes, Monsieur.

Greuze. Oh! quand ils ont faim, ils se plient à tout. Tenez, si j'osais vous adresser une prière, ce serait de placer mon couvert sous ce cerisier .. Comme cela, le dessert serait tout trouvé.

Jeanne. Il est facile de vous satisfaire, Monsieur.

Greuze. Je vous en serai mille fois reconnaissant.

Jeanne. Permettez-moi de vous quitter un instant, Monsieur, pour aller prévenir ma mère.

Greuze. Je serai heureux, ma belle enfant, de lui présenter mes civilités, aussitôt qu'elle pourra me recevoir; veuillez, je vous prie, l'en assurer.

Jeanne. Je n'y manquerai pas, Monsieur. (*Elle entre dans la maison.*)

Greuze, *après avoir dressé son chevalet, se dispose à dessiner.* Ce site est charmant... J'ai envie de le croquer... pour apaiser ma faim. Ce sentier fleuri qui fuit dans la montagne, a l'air d'un véritable serpent.. Ce passage doit être dangeureux en été pour les jeunes filles.

Jeanne, *ouvrant la fenêtre qui fait face au public.* Ma mère est sortie... Elle parlait hier d'aller à la ville; si elle avait mis son projet à exécution? Que faire? mon Dieu, que faire? Une jeune fille recevoir un étranger, en l'absence de sa mère... Que dirait-on dans le village? Que dirait Albert surtout? Les passants vont voir ce monsieur attablé sous le cerisier... Si je lui proposais de mettre sont couvert dans la maison? Ce serait encore bien pis, mon Dieu...

Oh ! je sens la peur qui me prend... S'il devinait que je suis seule ? Si c'était un voleur, un homme mal intentionné ? Oh ! loin de moi ces craintes folles... Ce monsieur à l'air honnête et tombe de besoin... Je ne puis le laisser mourir de faim. — Rassure-toi, mon cœur, et prends confiance... Je suis allée ce matin prier à l'église ; cet étranger est la bénédiction du ciel sur notre maison... « Un hôte est un envoyé de Dieu, » disent les livres saints. Combien j'aime cette douce définition de l'homme qui vient s'asseoir à votre table et rompre avec vous le pain quotidien que le Seigneur vous envoie .. Je n'ai plus peur du tout. (*Elle referme la fenêtre et rentre en scène un instant après, portant au bras gauche une cruche de grès de forme antique.*)

Greuze. Eh bien ! mon enfant, allons-nous bientôt déjeuner ?

Jeanne. Dans un petit quart d'heure, Monsieur. Je désire vous faire de la soupe et je cours chercher du lait.

Greuze. Une soupe au lait !

Jeanne. Vous ne l'aimez peut-être pas ?

Greuze. Je l'ai aimée jusqu'à présent : je vais l'adorer à partir d'aujourd'hui.

Jeanne. Vous êtes bien gentil, Monsieur. (*Elle s'éloigne et disparaît dans la montagne, à gauche.*)

SCÈNE VI.

GREUZE, *seul.*

« *Vous êtes bien gentil...* » Le doux mot des jeunes filles du Hainaut. Je ne connais rien de plus divinement chaste que cette expression dans la bouche de l'innocence... Cette naïveté de langage, cette caresse de l'âme serait-elle venue des bords de l'Helpe jusqu'ici ? Mais non, elle est de tous les pays, car elle appartient au cœur de la femme. Qui m'entendrait parler ainsi croirait avoir affaire à un poète élégiaque... Mais je suis artiste et je ne connais qu'un moyen pour peindre la femme d'une manière digne d'elle, c'est de commencer par l'aimer ; le reste vient de soi.

SCÈNE VII.

RUSTIQUE, *arrivant par le fond ;* GREUZE, *sur le devant de la scène, à droite.*

Rustique. J'ai laissé la mère Marguerite pousser une pointe dans le petit bois, où elle suppose que sa fille a pu porter ses jeunes pas, et, pendant que la bonne femme tournait à droite, j'ai tourné à gauche, afin de venir m'assurer si l'oiseau ne serait pas rentré au nid. *(Apercevant Greuze.)* Encore cet homme... C'est bien celui que j'ai rencontré dans les champs ce matin, au petit jour... Il portait un fusil sur l'épaule. Qu'en a-t-il fait? Il l'aura caché dans quelque broussaille, et maintenant que le soleil luit, il fait de la peinture pour cacher son jeu... Ces ficelles-là sont connues. Mais de quel droit s'est-il établi dans cette cour? La cour? Est-ce qu'il la ferait à Jeanne, par hasard .. Hun!... *(Haut.)* Monsieur, j'ai bien l'honneur... *(A part.)* Que le diable te torde le cou.

GREUZE. Ah! bonjour, mon ami.

RUSTIQUE, *à part.* Mon ami... Cet air protecteur. *(Haut.)* Vous vous trompez, Monsieur.

GREUZE. Comment?

RUSTIQUE. Je ne suis pas votre ami.

GREUZE. Vous êtes homme, je suis homme, et, d'après l'Évangile, tous les hommes sont frères, c'est-à-dire amis.

RUSTIQUE. C'est possible. Quant à moi, je suis pour le proverbe qu'on ne doit donner le nom d'ami à un homme, qu'après avoir mangé avec lui un boisseau de sel.

GREUZE. Cela doit demander du temps, à moins que d'aimer beaucoup salé. Mais nous pourrions toujours commencer aujourd'hui. Un repas frugal va m'être servi dans un instant, sous ce cerisier...

RUSTIQUE, *à part.* Qu'entends-je ?

GREUZE. Vous êtes parent ou ami de la jeune fille de céans, je vous invite à déjeuner.

RUSTIQUE Merci, je n'ai pas faim.

GREUZE. Vous n'êtes pas comme moi... Allons! laissez-vous faire... Nous aurons de la soupe au lait.

RUSTIQUE *à part.* La soupe au lait a un grand mérite à mes yeux... C'est de s'emporter... Je vais faire comme elle.

GREUZE. Vous acceptez?

RUSTIQUE. Je refuse.

GREUZE, *à part.* Ce garçon paraît avoir le caractère bien mal fait.

RUSTIQUE. Je ne vous dis pas adieu, Monsieur.

GREUZE. J'entends, nous nous reverrons.

Rustique. Je l'espère.

Greuze. Ce sera tout plaisir pour moi.

Rustique, *à part.* Je n'aime pas les gens si polis que ça. Allons rêver au parti à prendre pour nous débarrasser de ce rival, car c'en est bien un... La mère Marguerite va rire, quand elle va voir ce quidam installé chez elle... Elle va rire... Une pareille inconséquence chez une jeune fille. . Je ne sais vraiment pas où la Jeanne avait les yeux, quand elle a invité cet étranger... Il ne faudra pas qu'elle s'avise de pratiquer l'amour du prochain sur cette échelle-là, quand elle sera ma femme... Ah! non!

SCÈNE VIII.

GREUZE, *seul.*

Ce paysan est grossier comme pain d'orge. Après tout, il a peut-être un bon cœur, et cela rachète bien des défauts.

(En ce moment reparait Jeanne dans le sentier, ayant toujours sa cruche au bras gauche. A peine a-t-elle fait quelques pas, qu'on voit tout-à-coup Albert déboucher à droite, tenant à la main un bouquet de fleurs. La jeune fille s'arrête tout émue. Ils s'entretiennent quelques instants. Albert lui offre le bouquet, qu'elle accepte. Il paraît insister pour qu'elle mette des fleurs dans ses cheveux et à sa ceinture; elle souscrit à ses vœux, et met dans son tablier les fleurs qui lui restent. Tout-à-coup, Albert fléchit un genoux et s'empare de la main droite de la jeune fille, qu'il couvre de baisers. Jeanne cherche à dégager sa main droite; n'y pouvant parvenir, elle fait usage de la gauche; son bras s'allonge sans qu'elle paraisse avoir conscience de ce mouvement; la cruche glisse et se casse. Grande douleur de la jeune fille. Albert cherche à la consoler, mais en vain. Un bruit de pas paraissant se faire entendre, il craint d'être rencontré avec Jeanne et s'échappe vivement à droite, en lui envoyant des baisers. Jeanne, tout entière à sa douleur et à l'émotion de l'aveu qu'elle a reçu, redescend lentement le sentier).

SCÈNE IX.

JEANNE, GREUZE.

Jeanne, *à part.* Une si belle cruche, qui n'avait pas sa pareille dans tout le village. *(Elle pleure.)*

Greuze. Qu'avez-vous donc à pleurer, mon enfant?

Jeanne. Oh ! Monsieur, si vous saviez...

Greuze. Quoi donc ?

Jeanne. J'ai...

Greuze. Achevez, je vous prie.

Jeanne. J'ai cassé ma cruche. Une cruche de grès qui avait plus de cent ans d'âge.

Greuze. Eh bien ! mais elle avait fait son temps. Il n'y a pas là de quoi pleurer. C'est un petit malheur.

Jeanne. Que va dire maman... Elle, qui tenait tant à sa cruche et qui me défendait de m'en servir. *(Elle sanglotte.)* Oh ! oh ! mon Dieu ! comment lui apprendre...

Greuze, *inspiré, dessine Jeanne.* Consolez-vous, mon enfant.

Jeanne. Si je savais où l'on en vend de semblables, mais elle était à l'ancienne mode et l'on n'en fait plus comme çà, à présent... Et puis celle-ci a un petit défaut bien connu de maman.

Greuze. Ce n'est peut-être pas la première fois qu'elle tombe.

Jeanne. Il se peut bien, Monsieur ; mais c'est la première fois qu'elle se casse... Encore si j'avais pensé à ramasser les morceaux, on aurait peut-être pu les recoller.

Greuze. Séchez vos larmes, mon enfant... Je vous en enverrai une de la ville.

Jeanne. Ah ! Monsieur, ce ne sera pas celle-là.

Greuze. Sans doute ; mais si elle fait votre affaire, si elle est plus grande, par exemple, ou plus belle. Je vous promets de la choisir moi-même, et, sans me flatter. . je me connais en cruches.

Jeanne. Ce n'est pas tout, Monsieur.

Greuze. Il vous est arrivé quelqu'autre accident ?

Jeanne. J'ai aussi répandu le lait...

Greuze. Le mal peut se réparer.

Jeanne. Pas aujourd'hui, Monsieur, car ce lait était le restant de la mère Geneviève.

Greuze. Il y a, je suppose, plus d'une laitière dans le village ?

Jeanne. C'est vrai, Monsieur ; mais la mère Geneviève est la seule...

Greuze. La seule ?

Jeanne. La seule... qui ne mette pas d'eau dans son lait.

Greuze. Ah ! c'est différent. Eh bien ! mon enfant, il y a un moyen bien simple d'arranger les choses...

Jeanne. Oh ! dites, Monsieur.

Greuze. Je me passerai de soupe au lait.

Jeanne. Moi, qui me faisais un plaisir de vous en faire une avec du sucre.

Greuze, *à part.* Pauvre chère enfant. (*Haut.*) Je me contenterai de la moindre chose... Un morceau de pain noir et un verre de vin blanc, si vous en avez, car il ne faudrait pas en aller acheter pour moi.

Jeanne. O Monsieur, en Bourgogne, les plus pauvres gens ont du vin chez eux ; seulement, le nôtre n'est pas très-fort.

Greuze. Tant mieux, je ne serai pas exposé à laisser ma raison au fond du verre.

Jeanne. Je vais toujours dresser la table, Monsieur ; si nous avons peu de chose à mettre dessus, vous voudrez bien nous excuser.

Greuze. Si quelqu'un a besoin d'être excusé, c'est moi.

Jeanne. Oh ! non, Monsieur. (*Elle s'amuse avec ses fleurs et lève les yeux au ciel.)*

Greuze, *à part.* J'aurais encore quelques coups de crayon à donner... Comment la retenir... Si elle s'aperçoit que je reproduis ses traits, le charme s'évanouit, et, au lieu d'un tableau, je n'ai plus qu'un portrait. (*Haut.*) Pour en revenir à votre cruche, le pied vous a sans doute manqué, mon enfant ?

Jeanne. Non, Monsieur.

Greuze. Comment donc cela s'est-il fait ?

Jeanne. O Monsieur...

Greuze. Je ne voudrais pas être indiscret...

Jeanne. Je puis vous dire comment ce malheur est arrivé, Monsieur ; car ma conscience ne me reproche rien. Vous me paraissez, d'ailleurs, si bon, que je me sens portée à me confier à vous.

Greuze. C'est un grand honneur me faire, mon enfant ; mais je ne sais pas si je dois...

Jeanne. L'aveu que j'ai à vous faire, Monsieur, est digne d'être écouté par un honnête homme.

Greuze. En ce cas, je suis tout oreilles.

Jeanne. Un jeune homme de ce pays, nommé Albert, m'a fait danser à la dernière fête du village. Depuis lors, mon cœur lui appartient. Ce jeune homme ne m'avait encore rien dit qui pût me faire supposer que j'étais payée par lui de retour, lorsque tout-à-l'heure, en descendant le sentier, il s'est précipité vers moi, le mains pleines de fleurs ; puis il s'est jeté à mes genoux, a saisi une de mes mains, qu'il a couverte de baisers. *(Elle porte la main à son cœur.)* *A part.* Oh ! Dieu, je les sens encore là. (*Haut.*) Il ne me restait plus qu'une main, la gauche, pour me défendre... J'en fis usage ; ma cruche alors s'échappa de mon bras, roula à terre et se cassa. Hélas ! Monsieur, mon pauvre Albert n'est pas si coupable qu'il en a l'air. Il faut vous dire qu'il tire aujourd'hui à la milice, et il n'a pas eu la force de renfermer plus long-temps son amour dans son cœur et sa bouche a parlé. Oh ! Monsieur, ne le condamnez pas... C'est une nature si droite, un cœur si honnête... Il est sculpteur en bois de son état... C'est lui qui a fait les stalles de l'église du pays. Elles sont si belles, les chantres se trouvent si bien assis dedans, qu'aucun d'eux ne manque plus à la messe.

GREUZE. S'il en est ainsi, je ne doute pas qu'il ne tire un bon numéro.

JEANNE. N'est-ce pas, Monsieur? C'est ce que je me suis dit ; tout n'est peut-être pas désespéré... Mais j'oublie que vous avez grand'faim. *(Elle entre dans la maison.)*

SCÈNE X.

GREUZE, *seul.*

Cet enfant au désespoir d'avoir cassé sa cruche est un charmant pendant à ma *Jeune Fille pleurant son Oiseau mort;* toutes deux sont de la même famille, de la divine famille du sentiment, de l'amour voilé, de la passion qui s'ignore... Cette cruche, cet oiseau, c'est la goutte d'eau qui fait déborder le vase, l'étincelle qui détermine l'explosion, le rayon de soleil qui entr'ouvre le vert corset de la rose, parure du printemps. C'est en cela que ces petites choses sont si grandes, que cette cruche et cet oiseau méritent de vivre par l'ineffaçable sentiment qu'ils provoquent et sont appelés à rappeler au cœur de l'homme. Quel nom imposerai-je à mon tableau ? *La Cruche cassée !*

(Jeanne apporte une table toute servie.)

SCÈNE XI.

JEANNE, GREUZE.

GREUZE. Une nappe ! Pourquoi ce luxe ? J'ai bien envie de vous gronder.

Jeanne. Il y a de l'eau à la fontaine pour la blanchir, Monsieur.

Greuze. Que feriez-vous donc pour un prince?

Jeanne. La même chose, Monsieur. Au village, on ne connaît pas les distinctions dans la manière de recevoir le monde; tous les hôtes sont égaux... Ne sont-il pas tous envoyés de Dieu ?

Greuze, *à part.* O simplicité du cœur, que l'éloquence de l'esprit est petite devant toi !

SCÈNE XII.

Les Mêmes, MARGUERITE.

Jeanne. Ah! maman!... Chère maman, je vous croyais à la ville et je m'affligeais de votre absence. Vous arrivez à propos pour m'aider à recevoir Monsieur, que le grand air a mis en appétit et qui veut bien accepter notre pain bis et notre petit vin clairet.

Marguerite. Soyez le bien venu sous le toit de la veuve, Monsieur.

Greuze. Dieu, je l'espère, ma brave dame, me permettra de reconnaître un jour votre touchante hospitalité.

Marguerite. Nous sommes assez récompensées, Monsieur, par le plaisir de vous recevoir.

Greuze. Vous êtes trop bonne. *(Il se met à table.)*

Jeanne. Vous me cherchiez ?

Marguerite. Je le crois bien. J'ai fait le tour du pays; heureusement que j'ai rencontré le sacristain, qui m'a dit t'avoir vue à la messe de six heures et reprendre ensuite le chemin de la maison.

Jeanne. Vous m'accusez toujours de n'être point matinale; je l'ai été aujourd'hui.

Marguerite. J'aime encore mieux t'appeler trois ou quatre fois, que tu ne te lèves toute seule.

(*Elles entrent dans la maison.*)

SCÈNE XIII.

GREUZE, *seul.*

Je souhaite au roi de France un déjeuner pareil à celui que je viens de faire. Jamais je n'ai mangé de si bon appétit. Maintenant, allumons un cigare pour couronner le rustique festin. *(Il allume un cigare. Regardant à droite.)* Les jolies roses... Ce lieu est un vrai paradis. Du vin, une jeune fille et des fleurs! L'Éden n'était pas mieux approvisionné... Et même, il n'avait pas de vin... Eve-la-Blonde n'a pas connu le doux jus de la treille... Heureusement, car, si elle l'eût connu, il ne serait pas resté une seule pomme à l'arbre... Voyez donc comme ce petit vin bourguignon pousse à l'exégèse... (*Il entre dans le jardin.*)

SCÈNE XIV.

ALBERT, *portant le numéro 13 à son chapeau.*

Numéro 13! j'ai tiré le numéro 13! Il me va falloir aller à la guerre... Ah! ce n'est pas la peur de mourir qui m'attriste; mon sang appartient à ma patrie et je le verserais pour elle avec joie, si elle me le demandait, car la patrie c'est une autre mère! Ce qui me désole, c'est de quitter ma chère Jeanne, qui m'aime, je n'en saurais douter... Eh bien! alors, si je suis sûr d'être aimé, qui m'empêche de la demander à sa mère? Une fois fiancés l'un à l'autre nous attendrons plus patiemment le jour béni de l'hymen... Rustique!

SCÈNE XV.

ALBERT, RUSTIQUE.

RUSTIQUE, *à part.* Monté dans un arbre touffu, j'ai pu suivre tous leurs mouvements... Il est temps, il est grand temps d'agir. (*Apercevant Albert.*) Albert! C'est le ciel qui l'envoie pour me prêter assistance. (*Haut.*) Ah! diable, le sort ne t'a pas traité en ami... Treize! ça n'est pas lourd, sans compter que ce numéro a quelque chose de fatal.

ALBERT. Que veux-tu! Il fallait bien que quelqu'un le prît.

RUSTIQUE. Au fait, c'est vrai. Tu es mon ami, n'est-ce pas?

ALBERT. En douterais-tu?

RUSTIQUE. Dieu m'en garde!

ALBERT. A la bonne heure.

RUSTIQUE. Si tu es mon ami, je suis aussi le tien et je vais te le prouver...

ALBERT, *à part.* Est-ce qu'il serait disposé à partir pour moi?

RUSTIQUE. ...En m'ouvrant à toi sur un secret que je n'ai encore confié à personne.

ALBERT. Un secret?

RUSTIQUE. Un secret... d'amour

Albert. Tu es amoureux ?

Rustique. Comme un fou.

Albert. Et tu es amoureux ?...

Rustique. D'une perle... au figuré, de la perle du village, de Jeanne...

Albert. Jeanne ! Quelle Jeanne ?

Rustique. C'est juste, il y a plus d'un âne à la foire qui s'appelle Martin... — Jeanne Rosendal.

Albert. Jeanne Rosendal !

Rustique. Jeanne Rosendal. J'ai bon goût, hein !

Albert. Oh ! c'est impossible.

Rustique. Pourquoi donc ça ? Est-ce que je ne suis pas libre ? Est-ce qu'elle n'est pas libre ?

Albert. C'est impossible ! Je te dis que c'est impossible !

Rustique. Oui-dà ! C'est ce que nous verrons.

Albert, *à part.* Est-ce un rêve, mon Dieu !

Rustique. Je ne l'ai pas encore demandée en mariage.

Albert. Ah !... tu ne l'as pas encore demandée ?

Rustique. Pas encore, mais j'ai préparé les voies ce matin ; il ne me reste plus que le dernier mot à dire : « Mère Marguerite, » j'aime votre fille pour le bon motif ; voulez-vous me la » donner ? » — « Oui, qu'elle me répond. » La bonne femme me tape ensuite dans la main et la chose est faite.

Albert. Il n'y a plus qu'à obtenir le consentement de la victime.

Rustique. Quelle victime ?

Albert. La jeune fille.

Rustique. Ah ! oui, je comprends, la douce victime. C'est juste ! l'amour est un sacrifice et tout sacrifice implique une victime, comme une gibelotte suppose un lapin... ou, tout au moins, un chat. — Farceur ! Avant de lâcher le dernier mot, je tiendrais, cependant, à être débarrassé d'une espèce d'intrigant qui, sous prétexte de peinture, s'amuse depuis ce matin à faire la cour à Jeanne.

Albert. La cour à Jeanne !

Rustique. Dans la cour ; mais la chose n'en est pas moins dangereuse, surtout en cette saison, où l'herbe est si glissante... (*à part.)* et les faux-pas si... à craindre. L'absence de la belle s'explique maintenant... Ils étaient ensemble.

Albert, *à part.* Jeanne me tromperait ! Jeanne en aimerait un autre !... Ce trouble charmant, cette voix émue, ces yeux noyés de langueur, tout cela serait feint. Où donc aurait-elle appris à imiter ainsi la nature ? Où ? Dans les comédies que des bateleurs représentent dans les granges... Je comprends maintenant sa prédilection pour ces inventions du démon. O mon Dieu ! mon Dieu !... Mais non ! j'ai tort de l'accuser, elle n'est pas coupable. Ce peintre est un galant homme qui est entré ici pour se reposer et ne songe nullement à m'enlever le cœur de ma Jeanne... Je n'ai rien à craindre de sa part. Mon ennemi, mon rival, celui que je dois éloigner à tout prix, c'est lui, c'est ce vigneron de l'Enfer, car, s'il parle avant moi à la mère de Jeanne, il peut, grâce à sa fortune, arracher le consentement de la pauvre femme.

RUSTIQUE. Une idée !

ALBERT. J'écoute.

RUSTIQUE. Cet inconnu qui voudrait en compter à Jeanne...

ALBERT. Achève...

RUSTIQUE. Je l'ai rencontré ce matin dans la campagne, un fusil sur l'épaule.

ALBERT. Un fusil...

RUSTIQUE. Ni plus ni moins ; d'où je conclus...

ALBERT. Que c'est un chasseur.

RUSTIQUE. Dis un braconnier.

ALBERT. C'est juste. Le droit de chasse est un privilége de la Noblesse.

RUSTIQUE. Elle seule chasse... (*A part.*) en attendant qu'elle soit chassée. (*Il s'approche du chevalet, saisit une feuille de papier et un crayon et se dispose à écrire.*)

ALBERT. Que fais-tu ?

RUSTIQUE. Je dénonce le crime à la Justice. (*Il écrit.*)

ALBERT, *à part.* Ce garçon, j'en suis sûr, se trompe grossièrement. Je ne puis le laisser accuser ainsi un honnête homme qu'il aura aperçu à travers la brume portant quelque chose sur son épaule, un simple bâton peut-être.

RUSTIQUE. Ecoute un peu ça : « Un manant de Monseigneur a » l'honneur de dénoncer...

ALBERT. Il n'y a pas d'honneur à dénoncer.

RUSTIQUE. Ce n'est là qu'une formule, comme le très-humble serviteur d'une lettre, dont tout le monde se sert et auquel personne ne croit... « a l'honneur de dénoncer au chef de sa Justice vigilante » [c'est-à-dire le bailli ; ce petit compliment le flattera,] un homme

» de mauvaise mine qui a été vu ce matin, un fusil sur l'épaule, » rôdant sur les terres de Monseigneur. Cet homme se tient pour le » moment dans la cour de la veuve Rosendal... »

Albert. Tu n'enverras pas cette lettre !

Rustique, *se méprenant.* Non ! Pour plus de sûreté je la porterai moi-même. » Signalement : Il porte un chapeau pointu. »

Albert, *à part.* Il porte un chapeau pointu...

Rustique. Ce chapeau, le voici. La première chose que fera son propriétaire en rentrant, sera de le remettre sur sa tête. Je puis donc hardiment désigner cet homme par ces mots : « Il porte un chapeau pointu. »

Albert. La désignation est singulière ; mais je dois avouer quelle ne manque pas d'originalité, je dirai même d'esprit.

Rustique. Je m'en flatte. En cinq minutes je suis au château, en cinq autres minutes, mon homme est coffré ! Voilà ce que j'appelle de la justice... sommaire. Si elle est arbitraire, du moins elle est expéditive ; il y a compensation. Viens-tu avec moi ?

Albert, *à part.* Il ne faut pas qu'il s'éloigne d'ici... *(En ce moment paraît Pierre au fond du théâtre.)* *(Haut.)* Qu'as-tu besoin de te fatiguer, lorsque tu peux confier ta lettre.... tiens! à cet enfant qui passe ?

Rustique. Ce gamin, il va falloir le payer, car les enfants aujourd'hui sont comme les hommes, ils ne font rien pour rien.

Albert. Bah ! quelques sous.

Rustique. Un sou d'un côté, un sou de l'autre...

Albert. Tu n'as peut-être pas de monnaie sur toi ?

Rustique. Justement.

Albert. En voici. *(Il lui donne cinq sous.)*

Rustique. Au fait, la journée est longue et j'ai toujours le temps de me fatiguer. *(Appelant.)* Ohé ! Petit-Pierre ! arrive ici, galopin.

SCÈNE XVI.

Les Mêmes, PIERRE.

Rustique. Voilà cinq sous.

Pierre. Pour moi ?

Rustique. Pour toi, et voilà, de plus, une lettre pour M. le bailli.

Pierre. Je comprends. Il s'agit de la lui porter.

Rustique. Il s'agit d'aller la jeter dans la boîte placée à l'entrée

3

du château, de sonner pour qu'on vienne la chercher et de te sauver ensuite à toutes jambes, afin d'échapper aux questions qu'on ne manquerait pas de t'adresser. Va, cours, et surtout garde le silence et tu n'auras pas affaire à un ingrat.

Pierre. Vous serez content de moi. — Il n'y a que trois sous.

Rustique. Je voulais savoir si tu savais compter. Voici les deux autres sous.

Pierre, *à part.* Je me défierai de lui à l'avenir.

SCÈNE XVII.

ALBERT, RUSTIQUE.

Rustique. Quand j'y pense, le tour est vraiment bon. Ce n'est pas que je me préoccupe du droit de chasse de Monseigneur; je m'en soucie comme de rien du tout. Mais un homme est un obstacle à mon bonheur; le hasard veut qu'il se trouve en faute, je le signale à la Justice... quoi de plus naturel. Ce qui ajoute au piquant de la chose, c'est que cet homme semble prendre soin lui-même de me fournir du papier et un crayon pour le dénoncer... C'est incroyable.

Albert. J'en rirai long-temps.

Rustique. Et moi donc! C'est à s'en tenir les côtes... Ah! ah! ah!

Albert. Quel singulier goût.

Rustique. Tu veux parler du chapeau ?

Albert. Oui, si l'on peut appeler cela un chapeau.

Rustique. La forme n'en est pas mal cocasse.

Albert, *mettant le chapeau sur sa tête.* Comment me trouves-tu ?

Rustique. Affreux. Cependant, je m'attendais encore à quelque chose de mieux, — dans le genre laid. Remets ce chapeau en place et allons faire un tour, en attendant que le tour soit fait.

Albert, *à part.* Comment l'amener à mes fins ? *(Haut.)* C'est étonnant...

Rustique. Quoi ?

Albert. ...Comme ce chapeau est léger.

Rustique. Je ne m'en serais pas douté.

Albert. Ce doit être du feutre.

Rustique. Tu crois ?

Albert. J'en ferais le pari.

Rustique. Donne un peu pour voir. *(Albert lui donne le chapeau.)*

Une vraie plume... (*Il le met sur sa tête, par-dessus son bonnet de coton.)* C'est drôle!... Nous avons la même tête.

Albert. Tu n'as jamais été si bien coiffé.

Rustique. Bah!

Albert. D'honneur.

Rustique. Ce que c'est pourtant... A le voir sur ta tête, je n'en aurais pas donné quatre sous. Tu me diras, ça dépend beaucoup de la figure. Ce qu'il faut à ces chapeaux à larges bords, c'est une face réjouie.

Albert. Comme la tienne.

Rustique. Une face de pleine lune, comme on dit; parce qu'alors les lignes se confondent. Et tu dis qu'il me va?

Albert. Comme s'il eût été fait pour toi.

Rustique. Ce que c'est pourtant que de précipiter son jugement! on s'expose à errer. Il me va... cependant, il me serre un peu, je dirai même beaucoup. . Aïe! je suis sûr que j'ai un cercle au front...

Albert. Quel est donc cet album?

Rustique. Un album...

Albert. Là, au pied du chevalet.

Rustique. Tiens! c'est vrai... Voyons un peu comment c'est fait. Album! ce doit être un mot latin.

Albert. Peut-être bien.

Rustique. Du genre neutre.

Albert. En fait de genres, je ne connais que le masculin et le féminin.

Rustique. Il y a un troisième genre en latin...

Albert. Je ne le conteste pas.

Rustique. Tu fais bien... Je ne suis allé que jusqu'aux déclinaisons... quand j'ai voulu apprendre le plain-chant; mais ça me suffit pour te convaincre. Exemple : *Asinus, asina, asinum.*

Albert, *à part*. Maudit bavard!

Rustique, *considérant l'album, à lui-même*. Des arbres, des maisons, des clochers... Une drôle d'idée de passer son temps à reproduire sur le papier ce qu'on voit tous les jours au naturel. Ah! « Etude d'après la bosse... » Je ne vois pas de bosse... « Etude d'après l'antique... » L'antique? qu'est-ce qu'il entend par là? Ces peintres ont des termes si bizarres. « *Couleur*, impression que » fait sur l'œil la lumière réfléchie par la surface des corps. »

Conséquence : les couleurs n'existent pas. En voilà une couleur ! Avec quoi donc qu'on fait de la peinture ? Ils arriveront à nier la nature. Les couleurs n'existent pas... Ah ! par exemple, j'avoue que je n'ai jamais rien lu d'aussi fort. — Vous êtes riche, vous avez la passion des tableaux avec cadres d'or, vous ne reculez pas devant la dépense : vous allez jusqu'à mettre cinquante écus à une toile, arrive un Monsieur mal mis, mal peigné, mal élevé (ces Messieurs ont le génie du mal) : « C'est un peintre, » vous dites-vous. « Bon ! » je vais lui faire voir ma galerie... » et ce Monsieur vous apprend que... les couleurs n'existent pas. Ce vert, ce jaune, ce rouge, pure imagination, fantômes, lubies !... Ah ! voilà un petit tableau que j'aime assez ; deux amoureux, assis sous la treille et qui se caressent en attendant sans doute qu'on les serve... Comme il l'embrasse de bon cœur... On dirait qu'il mord à même... une pomme de Calleville. Voilà comme je comprends l'amour.

Albert, *à part.* Les gens d'armes du bailliage... Tâchons de nous esquiver sans qu'il nous voie. *(Il sort par le fond et s'éloigne à gauche.)*

Le Sergent, *sur la place, relisant le billet écrit par Rustique.* « Il se tient dans la cour de la veuve Rosendal, et porte un chapeau pointu... » Voici la cour et voici l'homme. En avant !

SCÈNE XVIII.

RUSTIQUE, LE SERGENT, LES GENS D'ARMES.

Le Sergent. Au nom de Monseigneur le vicomte des Chalumeaux, seigneur de Belles-Manières et autres lieux, je vous arrête. *(Il le touche à l'épaule de la pointe de son sabre.)*

Rustique. Hein ! De quoi s'agit-il ?

Le Sergent. Suivez-moi.

Rustique. Où ça ?

Le Sergent. En prison.

Rustique. En prison ! *(A part.)* Ah ! je comprends. Il me prend pour *lui... (Haut.)* Permettez... je ne suis pas l'homme que vous cherchez...

Le Sergent. Vous êtes dans la cour de la veuve Rosendal.

Rustique. C'est vrai.

Le Sergent. Vous portez un chapeau pointu.

Rustique. C'est encore vrai ; mais fortuitement : ma vraie coiffure est un bonnet de coton... à preuve... *(Il ote le chapeau.)* Je n'avais mis ce chapeau que pour voir s'il m'allait, mais je trouve qu'il ne me va pas du tout. Là-dessus, je le remets où je l'ai pris.

Le Sergent. Vous savez lire ?

Rustique. Je ne sais pas si l'on peut appeler cela savoir lire ; mais enfin je déchiffre.

Le Sergent. Lisez ce papier.

Rustique. Je ne pourrai jamais. C'est écrit trop fin.

Le Sergent, *lisant.* Voici ce que renferme cet écrit : « Un manant de Monseigneur a l'honneur de dénoncer au chef de sa » Justice vigilante un homme de mauvaise mine qui a été vu ce » matin un fusil sur l'épaule, rôdant sur les terres de Monseigneur. » Cet homme se tient pour le moment dans la cour de la veuve » Rosendal... Il porte un chapeau pointu. »

Rustique. Ce que je sais, c'est que je ne suis pas l'homme en question. Je suis un simple vigneron du pays ; j'en appelle à ce jeune habitant... *(Regardant autour de lui.)* Parti ! *(A part.)* Ceci cache un mystère... J'y suis... Ah! traître... Je comprends maintenant, pourquoi tu me vantais ce chapeau du diable.

Le Sergent. Vous vous expliquerez devant M. le bailli. Quant à moi, j'ai ordre de son lieutenant d'appréhender au corps et de conduire dans les prisons de la vicomté, l'homme que je trouverai dans la cour de la veuve Rosendal et portant un chapeau pointu... Vous réunissez ces deux conditions, je vous saisis.

Rustique. Le fait est que je le suis, — saisi.

Le Sergent. Je vous avouerai même que je n'ai pas l'habitude de descendre à ces détails en pareil cas. Si je le fais à votre égard, c'est que malgré l'accusation qui pèse sur vous, vous me paraissez plus bête que méchant.

Rustique, *à part.* Par exemple ! Est-ce que cet Albert, lui aussi, aimerait Jeanne? *(Amèrement.)* Pourquoi pas ? Damnation !

Le Sergent. En prison !

Rustique. En prison ? mais je puis y pourrir...

Le Sergent. Ça ne me regarde pas.

Rustique. Mais ça me regarde, moi.

Le Sergent. Allons! dépêchons...

Rustique. Je ne vous suivrai point.

Le Sergent. Vous résistez à la loi !

Rustique. Je ne résiste point ; mais je me refuse à obeir

Le Sergent, *à ses hommes.* Faites votre devoir. *(L'un des hommes tire de sa poche des menottes en cordes.)*

Rustique. Je vous suis. *(L'homme se dispose à lui mettre les menottes.)* Puisque je vous accompagne...

Le Sergent. Pas de raisons, et laissez-vous faire.

Rustique, *à part.* « Laissez-vous faire ! » On ne parlerait pas autrement à une femme.

Le Sergent, *à l'homme d'armes.* Achevez.

(L'homme d'armes lie les mains à Rustique, derrière le dos.)

Rustique, *à part.* Être innocent et se voir charger de fers ! *(Haut, au sergent.)* Si vous vouliez vous donner la peine de chercher un peu, sergent... le coupable ne doit pas être loin. Qui sait ? Il est peut-être dans le jardin, à fumer son cigare... *(A part.)* Et dire que sans Albert... Il me le paiera. *(Haut.)* Nous ne traversons pas le village au moins, sergent ?

Le Sergent. Nous le traverserons si ça me plaît.

Rustique. C'est juste ; vous avez la force pour vous, mais j'ai pour moi le droit... chemin : le chemin est bien plus court par la vallée, bien plus agréable, sans compter qu'on y rencontre souvent de jolies filles .. *(A part.)* C'est un vieux satyre... Ça le décidera.

Le Sergent. Ah ! je ne le savais pas

Rustique Je me félicite de vous l'apprendre.

Le Sergent, *à part.* La ruse est par trop grossière. *(Haut, aux hommes qui marchent devant.)* Nous traverserons le village.

Rustique, *à part.* Je suis perdu de réputation.

(Ils s'éloignent à droite.)

SCÈNE XIX.

ALBERT, *arrivant par la gauche.*

Mon stratagème a réussi... Il est pris dans son propre piége. J'en rirais de bon cœur, si je n'avais pas sujet d'être si triste... Jeanne et sa mère !

SCÈNE XX.

JEANNE, MARGUERITE, ALBERT.

Jeanne, *à part.* Ciel !

Marguerite. C'est vous, Albert.

Albert. Oui, dame Marguerite.

JEANNE, *à part*. Numéro treize. (*Elle porte la main à son cœur et s'appuie au bras de sa mère.*)

MARGUERITE. Qu'as-tu donc, ma Jeanne ?

ALBERT. Elle a, la brave enfant, qu'elle ne peut voir les gens dans le malheur, sans compatir à leur peine, et c'est bien de sa part.

MARGUERITE. Je ne comprends pas.

ALBERT. J'ai tiré le numéro treize.

MARGUERITE. Treize ! pauvre garçon... Il faut vous attendre à partir.

ALBERT. J'y suis résigné, dame Marguerite ; mais ce qui me désole c'est qu'en partant, je laisserai mon cœur au pays.

MARGUERITE. Vous aimez ?

ALBERT. J'aime, j'idolâtre une jeune fille aussi belle que sage, qui s'appelle Jeanne Rosendal.

MARGUERITE. Ma fille ! Elle ne m'en avait rien dit jusqu'à ce jour...

ALBERT. C'est que, jusqu'à ce jour, mère Marguerite, elle l'ignorait elle-même. Ce matin seulement, à la face du ciel, j'ai osé lui avouer la douce impression qu'elle a faite sur mon cœur...

JEANNE. O ma mère !

MARGUERITE. Je vous crois, Albert, car vous êtes un homme d'honneur... Vous ne voudriez pas prendre à une pauvre veuve sa fille pour la déshonorer... Ce serait trop facile, car ma Jeanne n'a personne pour venger son honneur, s'il lui était ravi, et au crime, alors, se joindrait la lâcheté. (*En ce moment Greuze entr'ouve la porte du jardin et écoute.*) Pauvres enfants, j'aurais été heureuse de vous voir l'un à l'autre ; mais Dieu ne le veut pas (*à Albert,*) puisqu'il ne vous a pas fait la grâce de tirer un bon numéro.

JEANNE. O ma mère, n'accusez pas le ciel... qui sait si la Providence...?

GREUZE, *à part*. Que ne suis-je riche...

MARGUERITE. Tu as raison, ma Jeanne ; j'ai tort de parler ainsi. Dieu fait bien tout ce qu'il fait.

ALBERT. Après tout, sept ans, ce n'est pas aussi long que l'on croit.

JEANNE. Et puis le cœur qui aime sait attendre.

ALBERT. Consentez à nous fiancer, et vous comblerez mon cœur de joie.

Jeanne. Et le mien aussi, ma mère.

Marguerite. C'est impossible.

Albert. Vous refusez ?

Marguerite. Je le voudrais, mes enfants ; mais je vous aime trop tous les deux pour consentir à faire votre malheur.

Jeanne. O maman... chère maman...

Marguerite. Ce n'est pas moi qui parle ainsi, mes enfants, c'est l'expérience.

Albert. Sept ans sont bien vite passés.

Jeanne. Cela ne fait que 84 mois.

Albert. 2556 jours.

Jeanne. Jours de 12 heures, car il ne faut pas compter les nuits, puisque, les nuits, on se revoit en songe...

Albert. Et, peut-être, en réalité, ô Jeanne.

Jeanne. Le rêve, en effet, c'est peut-être une vie véritable pour ceux qui s'aiment...

Albert. Au nom du ciel, mère Marguerite, consentez à m'accepter pour fils, avant que je parte pour aller défendre nos foyers, votre vie, celle de ma Jeanne...

Marguerite. Demande-moi de mon sang, mon ami, je suis prête à t'en donner ; mais ne me demande pas ce que je ne puis t'accorder. Écoute : Un jour, un jeune homme dans ta position, partait pour la guerre, emportant à son doigt l'anneau des fiançailles. Dans les premiers temps de son arrivée sous les drapeaux, il écrivait au pays toutes les semaines, puis, il n'écrivit plus que tous les mois, puis on n'entendit plus parler de lui. Ses premières lettres avaient quatre pages et respiraient la plus vive tendresse ; la dernière avait quatre lignes et était conçue en ces termes : « Je me » porte bien et souhaite que la présente vous trouve de même. »— Au bout de sept ans et deux mois, il revint au village...

Jeanne. Et la jeune fille...?

Marguerite. Elle avait été mise la veille en terre.

Jeanne. Morte !

Marguerite. Elle était morte, et elle avait bien fait de mourir, car son fiancé s'était marié huit jours après sa libération du service.

Jeanne. Et cette jeune fille s'appelait ?

Marguerite. Marie-Jeanne.

Jeanne. C'étaient les noms de ma tante...

Marguerite, *à part.* Hélas ! (*Haut.*) Je veux croire, Albert, que vous tiendriez votre serment; mais seriez-vous de même fidèle à votre amour? En donnant votre main, êtes-vous sûr de pouvoir aussi donner votre cœur? Et ce que je dis peut s'appliquer à Jeanne. Aujourd'hui que vous êtes jeunes et beaux, que le printemps est dans vos âmes et sur vos visages, vous vous aimez saintement; mais cette fleur de jeunesse qui vous enivre, passera comme l'herbe des champs; et, avec les années, viendront les soucis, les dégoûts, s'envoleront les illusions du jeune âge. Dans sept ans, chacun de vous aura fait place à un nouvel être, des sentiments duquel Dieu seul pourrait répondre. *(A Albert.)* Qu'est devenu l'enfant en vous? Il s'est transformé, il est mort : dans sept ans, il en sera de même de l'adolescent, du jeune homme du premier amour.

SCÈNE XXI.

Les mêmes, GREUZE.

ALBERT, *à part.* L'inconnu!

GREUZE. Vous avez-là un charmant jardin, ma brave dame.

MARGUERITE. Ce n'est pas à nous, Monsieur.

JEANNE. Ma mère n'en est que locataire.

GREUZE, *à part.* Pauvres gens, je voulais mettre un peu de baume sur leur blessure par un petit compliment sur leur jardin, et voilà qu'il ne leur appartient pas.

SCÈNE XXII.

Les mêmes, LE BAILLI, RUSTIQUE, UN HUISSIER *portant le chapeau de Greuze,* LE SERGENT, LES GENS D'ARMES.

MARGUERITE et JEANNE, *à part.* Ah! M. Rustique...

GREUZE, *à part.* Qu'a donc fait notre jeune villageois pour se trouver entre les mains de la Justice? Que vois-je! mon chapeau aussi; mais il ne peut pas être coupable, lui!

LE BAILLI, *à Rustique.* Il y a eu méprise à ton égard.

RUSTIQUE. La chose est palpable... Je suis victime d'une erreur judiciaire. Alors, j'oserai demander à M. le bailli de me faire rendre ma liberté, ma chère liberté.

LE BAILLI. L'écrit anonyme en vertu duquel tu as été appréhendé au corps, par ordre de notre lieutenant, désignait une autre personne que toi.

RUSTIQUE. Cela ne fait pas le moindre doute; mais le sergent n'a pas voulu me croire... On ne veut jamais croire les gens qu'on arrête... (*Au sergent.*) Je vous disais bien, sergent, que je n'étais pas celui que vous cherchiez.

Le Bailli. Tu parles trop.

Rustique, *à part.* Je voudrais bien le voir à ma place.

Le Bailli. On prétend, dans cette dénonciation, que l'homme dont il y est question, a été rencontré, au point du jour, un fusil sur l'épaule ; ce qui impliquerait de sa part fait de braconnage. Mais il m'a suffi de voir le chapeau de cet homme pour reconnaître la mal fondé de l'accusation portée contre lui : un homme qui achète ses chapeaux chez le chapelier du Roi, ne saurait être un malhonnête homme, un homme du commun. J'allais donner l'ordre de te relaxer, lorsqu'en examinant de près le billet en question, j'ai cru reconnaître ton écriture. Ce qui te mettrait dans le cas d'être poursuivi comme calomniateur, méchef qui, selon le cas, emporte la prison perpétuelle... ou la suspension.

Rustique. Je suis innocent ; mais si le malheur voulait que je fusse condamné, je demanderais la suspension, — sans savoir ce que c'est.

Le Bailli. C'est la même chose que la pendaison.

Rustique. Aïe !... je demanderais la prison... (*A part.*) En prison, du moins, il vous reste l'espoir de vous évader ; mais la corde au cou, ce serait un espoir mal fondé...

Le Bailli. Tu as nié être l'auteur du billet.

Rustique, *élevant la voix.* Et je le nie plus fort que jamais.

Le Bailli. Enfin, tu as demandé à être confronté.

Rustique Avec l'homme au chapeau.

Le Bailli. Que l'on était certain, disais-tu, de trouver dans la cour de la veuve Rosendal.

Greuze. « L'homme au chapeau, » c'est moi, M. le Bailli.

Le Bailli. Vous, Monsieur ?

Greuze. Moi-même. Et je vous avouerai que je ne comprends rien à ce qui arrive. Il ne peut y avoir là qu'un acte de méchanceté ou une erreur grossière.

Rustique. C'est aussi mon sentiment.

Greuze. Et peut-être l'une et l'autre réunies.

Rustique. Cela se pourrait bien.

Greuze. J'étais, il est vrai, ce matin dans la campagne, au point du jour, et c'est moi que l'on a dû rencontrer portant un fusil sur l'épaule... Ce fusil est devant vous, Monsieur le Bailli... C'était mon chevalet, que j'ai l'habitude de renfermer dans un étui quand je voyage.

Rustique, *à part*. C'est-à-dire que j'ai pris des vessies pour des lanternes.

Le Bailli, *à Rustique*. Tu as la parole.

Rustique, *à part*. Je ne sais que dire... dans quelle vilaine position me suis-je mis ! (*Cédant à une idée subite.*) Ah ! je suis sauvé.

Le Bailli. Eh bien ! Tu te tais... Prends garde ! ton silence va déposer contre toi.

Rustique. Je n'ai qu'un mot à dire, Monsieur le Bailli ; mais je le crois tout puissant.

Le Bailli. Voyons ce mot.

Rustique. Comment aurais-je pu dénoncer, Monsieur ? c'est mon ami !

Greuze, *à part*. Ah ! ah ! il veut bien être mon ami, maintenant.

Le Bailli. Alors, tu vas nous apprendre le nom de Monsieur.

Rustique, *à part*. Aïe !

Le Bailli. Eh bien ?

Rustique. Je l'ai oublié.

Le Bailli. Voilà une amitié bien vive.

Greuze. Ce garçon veut dire qu'il a oublié mon nom de famille.

Rustique. C'est cela.

Greuze. Il ne m'a, en effet, jamais guère connu... que sous les prénoms de Jean-Baptiste.

Rustique. Il n'y a pas de danger que j'oublie jamais ces noms-là.

Greuze, *à part*. C'est bien lui qui m'a accusé... dans quel but ?... A moins qu'il n'aime cette jeune fille et ne m'ait pris pour un rival. S'il en est ainsi, je lui pardonne.

Le Bailli, *à part*. Ceci me paraît louche.

Rustique. Ainsi, Monsieur le Bailli, je puis espérer de recouvrer la liberté...?

Le Bailli. De tes mouvements, je ne dis pas. Quand à l'autre, c'est autre chose. (*A un homme d'armes.*) Déliez-lui les mains... provisoirement.

Rustique, *à part*. Ah ! je rentre en possession de mes mains. C'est toujours ça.

SCÈNE XXIII.

Les mêmes, LE COMTE DE ROSAY.

Le Comte, *sur la place, à part*. Je ne me trompe pas, c'est bien le bailli lui-même... Cela tombe à merveille. *(En scène.)* Eh ! comment cela va-t-il ?

Le Bailli. Très-bien, Monsieur le Comte.

Le Comte On le disait menacé d'une fluxion de poitrine.

Le Bailli. Ah ! M. le Comte parle de M. le Vicomte.

Le Comte. De qui pensiez-vous donc que je parlasse ?

Le Bailli. Que M. le Comte me pardonne, je croyais qu'il daignait s'informer de ma santé.

Le Comte. Avec ce teint fleuri, qui oserait, cher Bailli, vous demander des nouvelles de votre santé...

Le Bailli. M. le Comte est bien bon de me trouver bonne mine... Si M. le Comte désire que je lui donne mon secret...

Le Comte. Pour engraisser?

Le Bailli. Oui.

Le Comte. Grand merci ! Je ne pourrais plus valser. *(A part.)* Les maris seraient trop contents. *(Haut.)* Eh ! mais, Dieu me damne, c'est notre grand peintre ! C'est M. Greuze !

Greuze, *s'inclinant.* Monsieur le Comte...

Marguerite, *à part.* Il connaît des seigneurs. *(Bas, à Jeanne.)* Tu entends, Jeanne ?

Jeanne, *bas* Oh ! oui !...

Rustique, *à part.* Greuze !... Je n'ai jamais entendu parler de ce nom-là...

Le Comte. Seriez-vous à la recherche d'une nouvelle *Accordée de Village,* mon peintre ?

Greuze. C'est assez d'une, Monseigneur.

Le Comte. Vous ne croyez pas si bien dire, heureux favori de la muse. Oui, c'est assez de ce tableau pour rendre votre nom immortel.

Greuze. Monseigneur, vous allez me rendre orgueilleux.

Le Comte. Tant mieux... l'orgueil est le compagnon du génie... J'entends le noble orgueil et vous ne pouvez avoir que celui-là.

Greuze. Monseigneur...

Le Comte. Vous me permettez de jeter un regard indiscret sur vos croquis ?

Greuze. C'est me faire beaucoup d'honneur, Monseigneur, que de daigner vous intéresser à mes faibles travaux.

Le Comte. Ah ! ah ! ce joli ravin vous a séduit.

Greuze. Je l'avoue, Monseigneur.

Le Comte. Cela ne m'étonne pas... On sait que vous aimez les belles *gorges*. Ah ! le charmant croquis... Quel délicieux tableau de genre on ferait avec cette idée.

Greuze. Vous pensez, Monseigneur ?

Le Comte. C'est-à-dire que c'est ravissant. Je ne sais rien de plus délicat... Il y a là un chef-d'œuvre à faire. Tenez, Greuze, vous connaissez l'intérêt que m'inspire votre personne et votre frais talent ?

Greuze. Monseigneur me comble.

Le Comte. Je vous rends justice, voilà tout. Eh bien ! de votre côté, donnez-moi une preuve d'amitié.

Greuze. Parlez, Monseigneur.

Le Comte. Vendez-moi le tableau que vous pouvez faire avec ce sujet.

Jeanne, *à part*. Quel est donc ce sujet ? Je voudrais bien le voir... mais je n'ose demander la permission de le regarder.

-Le Comte. Vous réfléchissez mon ami.

Greuze. Un tableau, Monseigneur, est une œuvre d'inspiration et je crains de manquer de ce feu divin lorsque j'exécuterai le tableau que vous me commandez.

Le Comte. Que j'espère de votre amitié... Il est toutefois une condition essentielle, c'est que vous me permettrez de vous payer d'avance le prix de ce tableau, que j'estime à deux mille livres.

Greuze, *avec feu*. J'accepte vos deux mille livres, Monseigneur, et je sens au cœur une chaleur de bonne augure pour notre tableau. *(Le Comte lui donne un portefeuille contenant les deux mille livres. A Marguerite.)* Vous me permettez, Madame, de dire un mot en confidence à votre fille.

Marguerite. Oui, Monsieur.

Greuze. Vous permettez aussi, Monseigneur ?

Le Comte. Comment donc !

(Greuze s'approche de Jeanne et lui dit un mot à l'oreille; elle entre dans la maison.)

SCÈNE XXIV.

Les mêmes, moins JEANNE.

Albert, *à part*. Que signifie...?

Greuze. Dans un instant, Messieurs, ce mystère sera éclairci à vos yeux, comme il l'est déjà aux yeux de Dieu, qui lit dans les cœurs.

SCÈNE XXV.

Les mêmes, JEANNE, *parée des fleurs que lui a données Albert, et portant sa cruche au bras gauche.*

GREUZE, *au Comte.* Voici, Monseigneur, votre tableau... vivant. C'est cette jeune fille qui m'a servi de modèle, sans s'en douter.

MARGUERITE. Ciel ! elle a cassé la cruche.

GREUZE. Oui, bonne mère, et voilà de quoi en faire recoller les morceaux, si, comme je le pense, M. Albert a eu soin de les ramasser, car il était présent lorsque le malheur est arrivé.

ALBERT, *tirant de sa poche les morceaux.* Les voici, Monsieur !

GREUZE. Voyez ! quel gendre soigneux vous aurez là.

(*Jeanne comprenant que Greuze donne à sa mère de quoi faire remplacer Albert, prend la main de ce dernier et se précipite aux pieds de Greuze, qui les relève avec bonté. Il presse la main d'Albert et dépose un baiser sur le front de Jeanne.*)

RUSTIQUE, *à part.* Ils s'aimaient ! Je suis arrivé trop tard : la cruche était cassée...

JEANNE, *à Greuze.* O Monsieur, c'est le ciel qui vous a envoyé !

GREUZE. Non, pas moi, mon enfant, mais M. le Comte.

LE COMTE. Mon cher peintre, je ne puis accepter le tribut de vos paroles : ma présence ici n'est qu'une conséquence de celle de M. le bailli, auprès duquel je désirais m'informer de la santé de son maître.

GREUZE. Prenez garde, Monseigneur ; car, à ce compte, le mérite de notre bonne action remontrait à l'ami Rustique... cause de la venue de M. le bailli.

RUSTIQUE, *à part.* C'est vrai, c'est pourtant vrai... Voilà comme souvent on fait du bien aux gens... sans le vouloir.

LE BAILLI, *à Rustique.* Tu es libre.

RUSTIQUE, *à part.* C'est ça, je suis libre, quand il n'est plus temps de l'être. Et dire que, sans cette cruche... Ah ! je casserais toutes celles du village, si je ne craignais de me casser moi-même... quelque chose... Mon parti en est pris, je reste garçon !... Gare aux maris !...

Janvier 1856.

A MONSIEUR ÉDOUARD THIERRY.

Monsieur,

Vous avez eu l'heureuse idée de fonder dans le *Moniteur* (9 et 10 avril 1855), une Revue littéraire, qui est devenue l'une de nos revues les plus recherchées, les plus estimées, les plus aimées. Il est difficile, en effet, Monsieur, de se montrer plus impartial et plus courtois que vous, de faire la leçon aux gens en meilleurs termes que vous ne le faites, de distribuer l'éloge et le blâme avec plus de mesure...

J'ai le droit de vous louer, Monsieur, car dans votre numéro d'inauguration, vous me dites de bonnes vérités.

Je n'avais qu'une manière de vous remercier de m'avoir fait l'honneur de vous occuper de moi, c'était de vous promettre de me corriger des défauts que vous signaliez dans mon œuvre ; c'est ce que je fis le lendemain du jour où parut le *Moniteur*.

Je me suis rappelé vos conseils à propos de l'*Herbe qui égare*, que je crois *jouable*. Je publie aujourd'hui la *Cruche cassée*, écrite sous l'influence de votre critique. Dans quelques jours paraîtra le *Libre-Amour*, que je me suis également efforcé de rendre *jouable*.

J'ai adressé l'*Herbe qui égare* à M. Hostein, qui, quelques mois avant la publication de cette comédie, voulait bien me promettre de lire lui-même les pièces que je lui enverrais à l'avenir, et me gratifiait, en signe de bon accueil, d'un coupon de loge, signé de sa main. Vous pensez, Monsieur, que je n'en fis pas usage : un autographe de l'habile directeur de la Gaieté vaut bien 5 francs !

Je n'ai pas entendu parler de mon envoi ; je m'en suis consolé en pensant que l'*Herbe qui égare*... avait pu s'égarer.

Cette lettre, Monsieur, a pour objet de vous renouveler publiquement l'expression de ma reconnaissance d'avoir bien voulu apprendre au monde littéraire, qui ne s'en doutait guère, qu'il existe, tout au bas de l'échelle, un écrivain nommé Éliacim Jourdain, « réaliste déclaré, auteur dramatique à sa manière, » suivant votre judicieuse et plaisante expression.

Je m'aperçois, Monsieur, que je descends la pente glissante de l'ingratitude, et je vous demande la permission de la remonter bien vite. Avant votre revue des 9 et 10 avril 1855, avait paru la Semaine dramatique de M. Jules Janin, du 29 janvier même année. Dans ce feuilleton, le célèbre critique, que certaines gens se plaisent à faire passer pour si dur aux débutants, voulait bien recommander « aux chercheurs de nouveaux mondes, » mon *Homme qui ne veut plus être pauvre*.

A mon début dans les lettres, Béranger et M. Jules Janin m'ont tendu une main amie, et mon cœur leur en gardera une éternelle reconnaissance.

Recevez, je vous prie, Monsieur, l'expression de mes sentiments de respect et de haute considération.

ELIACIM JOURDAIN.

Juin 1856.

Dieppe. — Em. DELEVOYE, impr.

Ouvrages d'Eliacim Jourdain :

STENIO, Drame en un acte, en vers. (Lettre de Béranger.)
VENDETTA, Drame en un acte, en vers.
UNE JOURNÉE DE LA VIE DE LANGLOIS, Drame en deux actes, en vers. (Lettre de M. Jules Janin.)
LA MORT DE MARGUERITE DE BOURGOGNE, Drame en un acte, en prose, pour faire suite immédiate et logique à *la Tour de Nesle*.
UN PREMIER AMOUR, roman humoristique et sentimental, 1 vol. in-18.
LOUIS XI, Drame en cinq actes, en prose.
LE MÉMORIAL D'ÉVREUX, Journal commercial et littéraire.
ERNESTINE, Comédie-Vaudeville en deux actes.
CHARLES-LE-MAUVAIS, Drame en cinq actes et neuf tableaux, en prose.
LES BAGUETTES DE SAINT ETTON, Comédie-Vaudeville en un acte.
LA TOUR DE QUIQUENGROGNE, Folie-Vaudeville en un acte.
LE SACRILÉGE, Drame romantique en quatre actes, en vers.
LA MORT S'AMUSE, drame en un acte, en vers.
UN PROPRIÉTAIRE DANS SES PETITS SOULIERS, Vaudeville en un acte.
L'ÉCOLE DE L'AMOUR, Drame en un acte, en prose.
PARACELSE, Drame en un acte, en prose.
LE POT DE ROSES, Drame-bouffe en un acte, en prose.
UN HOMME QUI NE VEUT PLUS ÊTRE PAUVRE, Drame-bouffe en un acte, en prose. — *Débats*, 29 janvier 1855.
LE PAYS DE L'ABSOLU, Drame fantastique en un acte, en prose.
LES NOCES INVISIBLES, Drame fantastique en un acte, en prose.
L'ARTICLE QUATRE, Drame en un acte, en prose.
L'EFFET POUR LA CAUSE, Drame en un acte, en prose. (Synthèse de la *Dame aux Camélias* et des *Filles de Marbre*.) — *Moniteur*, 9 et 10 avril 1855.
LA VIE NOUVELLE, Drame en un acte, en prose.
LE VERROU, Drame fantastique en un acte, en prose.
LES VACHES, Drame en deux actes, en prose.
LES GARÇONS DE SHAKSPEARE, Drame fantastique en un acte, en prose.
LES FILLES DE NEIGE, Drame en deux actes, en prose.
CAROLINE, Drame en deux actes, en prose.
TU T'EN SOUVIENDRAS! vaudeville en un acte.
DON JUAN, drame philosophique en un acte, en prose.
L'HERBE QUI ÉGARE, Drame-bouffe en un acte, en prose.
LA CRUCHE CASSÉE (tableau de Greuze), comédie en un acte, en prose.
LES COLLABORATEURS, Drame en un acte, en prose.
LA COMÉDIE NORMANDE, Histoire terrible et merveilleuse de **Robert-le-Diable**, — Mystère en 25 actes, en prose et en vers; un volume de 700 pages compactes. — *Indépendance belge*, 6 février 1853.

SOUS PRESSE :

LE LIBRE-AMOUR,

Vaudeville en un acte.

DIEPPE. — EM. DELEVOYE, IMPR.

www.ingramcontent.com/pod-product-compliance
Lightning Source LLC
LaVergne TN
LVHW050502160826
845677LV00003B/901

* 9 7 8 2 3 2 9 6 4 8 6 8 2 *